NOTICE

SUR LA FAMILLE

PASSERAT DE SILANS

(DU DÉPARTEMENT DE L'AIN)

—

1877

NOTICE

SUR LA FAMILLE

PASSERAT DE SILANS

(Du département de l'Ain)

D'APRÈS

DES PAPIERS PARTICULIERS

ET

LES TRAITÉS NOBILIAIRES SPÉCIAUX

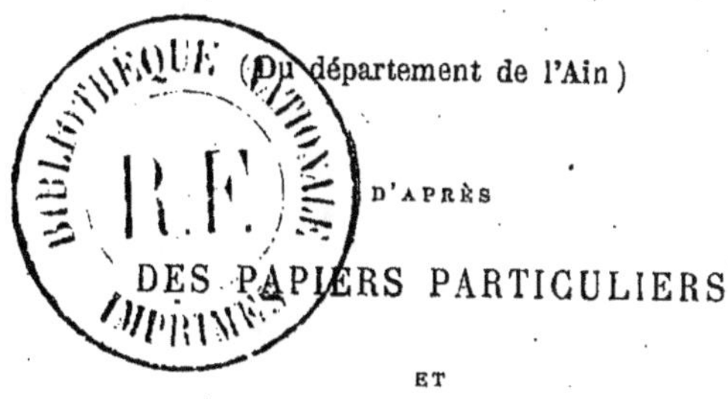

PARIS

IMPRIMERIE JULES CLAYE

(A. QUANTIN, Successeur)

RUE SAINT-BENOIT

1877

AVERTISSEMENT.

Cette Notice a été rédigée par un membre de la
famille, qui n'a rien négligé pour se procurer des
renseignements exacts. Il s'est proposé de montrer
à ses enfants que leur origine, au point de vue
nobiliaire, n'est ni assez ancienne ni assez illustre
pour en tirer vanité, mais que leur famille a tenu
depuis longtemps, en France et en Savoie, un rang
honorable dont ils doivent s'efforcer de ne pas
déchoir.

NOTICE

SUR LA FAMILLE

PASSERAT DE SILANS

GÉNÉALOGIE.

La famille *Passerat de Silans* s'est toujours considérée comme ayant la même origine que celle des *Passerat de la Chapelle*, établie dans diverses parties du département de l'Ain, et il résulte de recherches faites avec soin par les derniers généalogistes de Bresse et Bugey, que cette origine est aussi celle de la famille *Passerat de Troches*, établie en Savoie près de Thonon, laquelle a pris, en 1689, le nom de *Saint-Séverin*, par suite d'une alliance faite à cette époque avec la famille *Roero de San Severino*, du Piémont.

Il est constant que ces trois familles remontent à un ancêtre commun, *Pierre* Passerat, châtelain de Châtillon de Michaille en Bugey, qui vivait en l'an 1500. Après lui, eut lieu la séparation en trois branches ; mais

Pierre.

les éléments généalogiques qu'on possède ne permettent pas de déterminer comment se fit cette séparation; les tentatives qui ont été faites à ce sujet ne reposent que sur des conjectures.

Quoi qu'il en soit, voici la généalogie de la famille *de Silans*, d'après ses papiers particuliers, ses traditions et le *Nobiliaire universel* de Saint-Allais, publié en 1814 (tome II).

Louis. Le petit-fils de Pierre Passerat, portant le prénom de *Louis*, reçut, en 1567, d'Emmanuel Philibert, duc de Savoie, pour faits de guerre, des lettres de noblesse dont le texte sera donné à la fin de cette Notice.

En 1605, il acheta de Louis de Vignod, seigneur de Chanay, la seigneurie de *Bognes et du Parc*, commune de Surjoux, dans le canton de Châtillon-de-Michaille. Par son testament, daté du 26 mai 1619, il transmit son héritage à son fils aîné *Claude Gaspard*; son second fils périt au service de Savoie, et sa fille épousa Bertrand *de Grenaud* (de Nantua).

Claude-Gaspard. *Claude Gaspard* épousa en 1604, au château de Chandore en Valromey, Jeanne *de Montillet*, qui lui donna deux fils, dont l'un fut tué au service de France, et l'autre, du prénom de *Claude*, continua la famille en se mariant, en 1634, à Nicole *de Tricaud* (d'Ambérieu).

Claude. *Claude* est mentionné dans l'*Histoire de Bresse et Bugey* de Guichenon, qui a été publiée en 1650, comme étant seigneur *de Bognes*, après son père et son grand-père. Cet exercice des droits seigneuriaux pendant trois générations dans une terre où il y avait haute, moyenne et basse justice, prouve que la noblesse de la famille était bien alors reconnue en France; mais comme elle avait une origine sarde, *Claude* obtint de Louis XIV, en 1654, de nouvelles lettres de noblesse, qui, pour la régularité, étaient devenues nécessaires par suite de la réunion du Bugey à la France sous Henri IV.

Il eut trois fils, *Philibert*, *Jacques* et *Joseph*. Ces deux derniers furent tués, l'un au service du duc de Savoie, et l'autre au combat de Saint-Gothard en Hongrie, dans la guerre contre les Turcs, à laquelle la France fut appelée à prendre part.

Lors de la vérification générale des titres et fiefs ordonnée sous Louis XIV, *Philibert* fut maintenu dans sa noblesse par arrêt du conseil du roi du 20 mars 1668, et par une ordonnance de M. Bouchu, intendant de Bourgogne, du 14 mai 1669. Il fut officier des gardes du corps et gentilhomme dans la compagnie de Turenne.

Il épousa à Ceyserieu, en 1665, Anne *de Mornieu*, fille du seigneur *de Gramont*, conseiller au parlement de Paris, et *de Yon de Jonage;* d'où la parenté de la famille *de Silans* avec celle des *d'Arloz*, de Gramont.

Il acheta, en 1682, du sieur de Croison, la baronnie de *Grex* et de *Silans*, près de Seyssel, et y exerça les droits seigneuriaux qu'il transmit à ses descendants jusqu'à la révolution de 1789. Sa résidence fût au château de Grex, sur la commune de Corbonod. Son testament est de 1691.

Il laissa deux fils et trois filles. Ses deux fils, *Melchior* et *Jean-Louis*, firent aveu et dénombrement au roi pour leurs seigneuries, par acte du 14 décembre 1700.

La fille aînée, *Marie*, épousa le comte de *Seyssel de Cressieu*, dans le haut Bugey. Les deux autres se firent religieuses ursulines à Gex et à Thonon.

Melchior. — Le fils aîné, *Melchior*, fut page de Louis XIV, et capitaine de dragons dans la compagnie de Gévaudan. Il mourut sans postérité.

Jean-Louis. — Le fils cadet, *Jean-Louis*, officier dans la même compagnie, resté seul héritier, réunit les deux seigneuries de *Bognes et du Parc*, de *Grex et de Silans*.

Il épousa, en 1730, Anne *de Charron*, fille de Louis de Charron, commissaire général de la marine et des galères, et de Françoise de Morel (d'Orléans).

A sa mort, il laissa deux fils et deux filles, dont une se fit religieuse à Notre-Dame de Bellecour.

Les deux fils se partagèrent son héritage. L'aîné, *Melchior*, eut la baronnie de *Grex et de Silans*, et le second, *Augustin*, la seigneurie de *Bognes et du Parc*.

Ce dernier porta le nom de *Passerat du Parc*, sous lequel il fut inscrit sur la liste des électeurs de la noblesse aux états généraux de 1789. Il entra dans la marine militaire, devint chevalier de Saint-Louis, capitaine de vaisseau, et fit en cette qualité la guerre de l'indépendance des États-Unis d'Amérique. Il se maria en Bretagne, en 1788, à Yvonne *de Botdéru*, et en eut une fille, *Olympe*, qui épousa le marquis du Vivier, au château de Quirieu, en Dauphiné, près de la Tour-du-Pin. De ce mariage sont nées deux filles qui ont épousé, l'une le *marquis de Cabrières*, près de Nîmes, l'autre le comte *de Vallier*, à Voreppe, près de Grenoble.

Le fils aîné de Jean-Louis, *Anthelme-Melchior*, héritier de la baronnie de *Grex* et de *Silans*, épousa, en 1769, Éléonore *Montanier de Vens* (de Seyssel). Il figura sous le nom de *baron de Silans* parmi les électeurs de la noblesse du bailliage de Belley en 1789 (Voir le tome III du *Dictionnaire de la noblesse de Courcelle*).

Emprisonné à Belley comme suspect en 1793, il fut mis en liberté à la mort de Robespierre. Il est décédé en 1811; son tombeau est dans une chapelle particulière de l'église de la commune de Corbonod, près de Seyssel.

Augustin-François, fils unique d'Anthelme-Melchior, né à Seyssel en 1770, fit ses études chez les Oratoriens, au collége de Tournon, et fut obligé d'émigrer après l'emprisonnement de son père. Il se retira à Lausanne, où, dénué de toutes ressources, il vécut pendant plusieurs années du fruit de son travail dans la maison de banque du beau-père du comte Pillet-Will, actuellement transférée à Paris.

Rayé de la liste des émigrés en 1800, il rentra en France, et épousa à Jujurieux Eugénie *Levet de Malaval*, petite-fille de Gaspard Levet, seigneur de Malaval, président de la chambre ardente du Dauphiné, qui prononça à Valence la condamnation de Mandrin en 1755.

Devenu veuf, il se maria en secondes noces à la fille du comte *Carelli de Bassy*, ancien membre du sénat de Savoie, et procureur général à Florence sous le premier Empire. Il a eu deux fils et une fille de son premier mariage, et une seule fille du second.

Il fut membre du Corps législatif de l'Empire en 1813 et 1814; maire de sa commune, membre du conseil général, et décoré de la Légion d'honneur; puis député de l'Ain sous la Restauration, en 1816 et 1817; et enfin conseiller à la cour des comptes, à Paris, de 1818 à 1825.

Il a passé ses dernières années dans la retraite, au château de Bassy, près de Seyssel, occupé surtout de bonnes œuvres, dont les principales sont des donations importantes aux communes de Seyssel et de Corbonod pour l'amélioration de leurs écoles.

Il est mort en 1852. Son tombeau est dans une chapelle particulière de l'église de Bassy, en Savoie.

Le château de Grex, qu'il a vendu en 1820, est actuellement un hospice de vieillards pour les habitants du canton de Seyssel, par la libéralité de M. Montanier, son dernier propriétaire.

ÉTAT ACTUEL DE LA FAMILLE

(NOVEMBRE 1877)

La *baronne de Silans*, veuve d'Augustin-François, habite depuis 1852 la ville de Chambéry, et le château de Bassy, qui est sa propriété particulière.

Auguste-Joseph-Dominique, fils aîné d'Augustin-François, né en 1807, s'est marié en 1837 à Zénaïde *Donin de Rozières*, et réside dans la ville d'Ambronay, où il exerce les fonctions de maire.

Son fils aîné, *Hippolyte*, ancien officier de cavalerie, décoré de la Légion d'honneur, a épousé, en 1872, Marie *Quarré de Verneuil* (de Paray-le-Monial), et habite le château de Rosy, près de Treffort, dans le département de l'Ain.

Son second fils, *Léonce*, est enseigne de vaisseau dans la marine de l'État.

Sa fille *Eugénie* a épousé Jules *Saunier de Lubac*, sous-préfet de Boussac, dans le département de la Creuse.

Le second fils d'Augustin-François, *Charles-Artus*, né en 1809, a épousé en 1838 la seconde fille du baron *de Crousaz-Crétet* (de Pont-de-Beauvoisin). Il réside à Paris et au château de Saint-Innocent, près d'Aix-les-Bains, en Savoie.

Sa fille unique, *Émilie*, a épousé, en 1862, *Paul Boucher de la Rupelle*, substitut du procureur général à la cour d'appel de Paris, dont la famille a eu plusieurs représentants aux assemblées de la noblesse du bailliage d'Auxerre en 1789.

La fille d'Augustin-François, née de son second mariage, a épousé à Chambéry, en 1833, le comte Eugène *Costa de Beauregard*. Devenue veuve en 1852, elle a habité depuis cette époque le château de Montgex et la ville de Chambéry.

Sa fille, *Marie*, a épousé en 1855 le marquis César d'*Oncieu de la Batie*, et habite le château de la Batie, près de Chambéry.

AUTRES BRANCHES DE LA FAMILLE.

La famille *Passerat de la Chapelle* a de nombreux représentants dans le département de l'Ain.

La famille *Passerat de Saint-Séverin* s'est éteinte en 1854, dans la personne de *Charles-Joseph*, qui par son testament a transmis son nom et ses armes à son neveu (*ex sorore*), le marquis *Trediccini de Buffalora*.

ARMOIRIES.

On lit dans l'*Armorial général de d'Hozier* (volume de Bourgogne), rédigé en 1697, et déposé à la Bibliothèque nationale, que *Anne de Mornieu*, veuve de *Philibert Passerat, seigneur de Bognes et baron de Silans*, fit alors vérifier ses armes ; elles sont définies ainsi :

D'azur, à la fasce d'argent, chargée d'un lion, de gueules, et accompagnée en pointes de deux vols d'argent. Supports d'aigle.

LETTRES DE NOBLESSE.

L'ordonnance du duc de Savoie, *Emmanuel-Philibert*, qui a conféré la noblesse à la famille, a été rendue à Nantua le 18 septembre 1567. Elle est ainsi conçue dans sa partie essentielle, en supprimant seulement quelques longueurs du style de chancellerie :

« Emmanuel-Philibert, par la grâce de Dieu, duc de Savoie et prince de Piémont, savoir faisons,

« Que, désirant mouvoir nos sujets de plus en plus à la vertu, et faisant considération aux services rendus à notre couronne, aux temps que nos États ont été affligés de guerre, par *Louis Passerat,* de Châtillon de Michaille, et ses prédécesseurs, nous avons, par les présentes, décoré et décorons, de notre autorité souveraine, y celui *Passerat,* de qualité de noblesse, avec les honneurs, prééminences, charges, priviléges et autres prérogatives attribués aux nobles de nos pays et obéissances.

« Si mandons à nos chers amis, féaux, et à tous nos officiers, tant en deçà qu'au delà des monts, de faire jouir ledit *Passerat,* sa postérité et descendance desdits honneurs et priviléges, paisiblement, selon les termes des présentes, car tel est notre bon plaisir.

« Donné à Nantua le dix-huitième jour de septembre 1567.

« *Signé* PHILIBERT. »

Cette ordonnance a été enregistrée à la chambre des comptes de Savoie le 10 juin 1568.